Menna El-Tawwab

tausend und
ein wort

2. Auflage 2022

© 2020 Menna El-Tawwab

Herstellung und Verlag: BoD – Books on Demand, Norderstedt

Covergestaltung und Illustrationen: Menna El-Tawwab
Lektorat: Julie Crouch, Rachel Fichtner-Van der Schilden

ISBN: 978-37519-2084-1

Bibliografische Information der Deutschen Nationalbibliothek

Die Deutsche Nationalbibliothek verzeichnet diese Publikation in der Deutschen
Nationalbibliografie; detaillierte bibliografische Daten sind im Internet über
http://dnb.dnb.de abrufbar.

Für alle, die sich einsam fühlen:
Es gibt immer eine Lichtquelle, weil das Leben Wertvolles zu
bieten hat. Ich bin froh, dass du existierst. Du bist wundervoll,
ich liebe dich

Für alle, die mir durch schwierige Situationen beistehen:
Auch wenn der Himmel grau ist und Trübsal bläst, lässt du mich
die Sonne sehen. Dafür möchte ich mich vom ganzen Herzen bei
dir bedanken. Ich liebe dich.

Inhalt

VORWORT

And one day, the girl with the books became the woman writing them.

tausend und ein Wort ist eine Mischung aus improvisierten Zeilen, die sich aus dem Nichts über Nacht in meinem inneren Labyrinth verlaufen, und aus welchen, die tatsächlich meine Gedanken widerspiegeln. Von Liebeskummer, Mental Health und Phantomschmerz bis hin zur Suche nach dem Sein, dem Sinn des Lebens und der Liebe – das Buch gewährt eine kunterbunte Reise. Es passiert mir oft, dass ich mehrsprachig denke, sodass ich nicht nur auf Deutsch schreibe. Zu schreiben ist für mich ein Ventil; wenn überhaupt, eine Therapie. Seit meiner Kindheit schreibe ich gerne; ich habe Geschichten erzählt und trage bis heute meine Gedichte für mich vor, wenn ich alleine bin. Denn der Herausforderung, meine Texte mit der Öffentlichkeit zu teilen, war ich noch nicht gewachsen. Weil ich Angst hatte, nicht tief genug gegraben zu haben. Doch wenn ich schreibe, fühlt es sich an, als würde mich die Kraft der Poesie in- und auswendig kennen.

tausend und ein Wort ist eine Vision, die ich seit meiner Schulzeit hatte. Und diese Vision darf ich nun stolz präsentieren. Friends and enemies: mein allererstes Buch- und Herzensprojekt.

So poetisch und eindrucksvoll ich das Publikum verzaubern möchte, hier eine kleine Triggerwarnung: Da die meisten meiner selbst geschriebenen Texte autobiografisch sind, sprechen wenige davon Depressionen, Traumata und Angststörungen sowie Erfahrungen mit Rassismus an – betroffene Texte bekommen eine **fett markierte Warnung mit einem schwarzen Hintergrund** . Solltest du eine Person kennen, die eine harte und schwierige Zeit durchmacht oder selber davon betroffen sein: Du bist nicht allein und du brauchst dich nicht schämen. Fühle dich gedrückt, falls du möchtest!

Pass auf dich auf!

Alles Liebe,
deine Menna

Lass uns alle Geschichten
schreiben, die wir alle
hätten erzählen können;
mit ihnen wachsen!

Wie ein Samen,
der einsam
sanft unter der Erde ruht.
Trotz der harten Stürme
sich zu einer Knospe herauskristallisiert
und zu einer wunderschönen Blume blüht.

Wo die andere Partei einen Punkt setzt,
fahren wir fort; und zwar im Hier und Jetzt.

- Semikolon

Es war einmal
ein wundervoller Mensch.
In einer wundervollen, kleinen Welt.
In einer pittoresken, großen Stadt.
Greifend nach den Sternen,
die vor den haselnussbraunen Augen
aus dem Fenster tanzten.
Sah zu, wie Sternschnuppen
rasant aus dem Südosten flitzten.

Es war einmal
ein Vogel.
Winziges Herz, kurze Federn.
Zierlich und schwach.
Dennoch standhaft
für gebrochene Herzen,
die geheilt werden sollten.
Weil kein Pflaster dieser Erde
hinterlassene Schmerzen lindert.

Es war einmal
eine verwundbare Seele.
Die ihre Superkraft nicht aufgab.
Und auch niemals aufgeben wird.
Weil das Leben zu kurz dafür ist.

der Kampf
الكفاح

Warnung: Depressionen

Ein Teil von mir
gibt den Geist auf,
und ein Teil von mir
möchte hoch hinaus.
Denn ich weiß,
ich werde das Chaos
nicht verdrängen können.
Und ich weiß,
dass ich ewig
damit leben muss.
Weil ich weiß,
dass ich es nicht
daraus schaffen werde.

Warnung: Burnout, Perfektionismus

Maschinen.
Vierundzwanzig Stunden dienen,
sieben
Tage die Woche
funktionieren,
nicht einmal daydreamen.
Ausgetauscht
wie Batterien,
eine hässliche Szenerie.
Alles könnte sie
runterziehen.

Sich nicht
reparieren ist doch
selbstverständlich.
Ausgesetzt,
ersetzt.
Kein Schalter
zum Abschalten.
Willkommen in
der Hölle,
paranoid android.

- paranoid android

Mein Bett,
es riecht nach dir.
Die Spuren,
haften krallend an mir.

Die Atmung, schwach.
Die Augenlider, schwer.
Resigniert.
Isoliert.

- Krankenhaus

Mit müden Augen
und blasser Haut,
gefangen im Chaos,
fühle mich so
missverstanden.
Nie gut genug.

Kleinste Bemerkungen
verzerren meine Gedanken.
Das gläserne Schloss in mir –
in tausend Scherben;
durch tausende Stimmen,
das Geflüster der Dämonen.
Nie gut genug.

Mit zitternden Händen
und der Enge
in meiner Brust
spüre ich schon das Ende.
Das Ende meines Lebens
dich nie wiederzusehen,
das ist kein Gottes Segen.
Nie gut genug.

- *Anthropophobie*

Ewig lange Textpassagen
verwandeln sich in
lange Sprachnachrichten,
tiefgründige Gespräche,
mehr Bilder.
Von uns.
Vom Anblick des Abendrotes.
Aus dem Balkon.
Bauchkrämpfe vor Lacher
verwandeln sich in
Intimität,
ein Glas Orangensaft auf uns trinken.
Zukunftspläne.
Hormonkarussell.
Wer wen als Nächstes besuchen wird.
Vertrauen
verwandelt sich in
Abwesenheit,
blockierte Nummern,
schlaflose Nächte
und endloses Schluchzen.
Oh, sag mir, was ich falsch gemacht habe!

- *Vakuum*

Ich traue mich nicht mehr,
deine Nummer zu wählen.
Zu fragen,
wie es dir so geht.
Weil ich dich damit nerven könnte,
aber das tu' ich doch nie, oder?

Ich vermisse dich so schrecklich,
dass es wehtut.
Ich denke ständig an dich,
dass der Schornsteinrauch dich wegfegt.
Spurlos und ohne Alibi.

- Hologramm

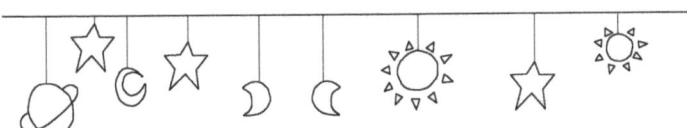

Wir dimmen die Lichter;
werden weniger nüchtern,
doch du warst nicht da.

Ich bin ein Segelschiff, in das Menschen
nicht einsteigen wollen,
weil das winzige Loch sie ertränken könnte.

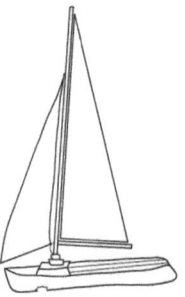

Rate mal,
wie oft ich mit den Gedanken spiele,
dich zu sehen, meine Arme um dich zu legen.
Kann es nicht mehr reduzieren,
Chaos ist vorprogrammiert.

Rate mal,
wie sehr ich mich nach dir sehne,
wenn wir uns nicht mehr sehen.
Es passiert alles so automatisch.
Ich kann nichts dafür,
ich kann es auch nicht ändern.

Rate mal,
wie oft ich Angst habe,
zu weit zu gehen,
wenn ich dir beichte,
wie sehr wir mir fehlen.

Rate mal,
wie oft ich dich anlüge,
es würde mir gut gehen,
weil ich es satt habe,
dich mit meiner Life-Crisis zu plagen.

Leere Versprechen.
Alles fühlt sich falsch an.
Kalter Schweiß tropft meine Stirn hinab.
Ich zittere.
Ist es das Ende?

Die Sonne sticht in meine Haut,
wie ein Messer ins Herz.
Verbrenne all unsere Bilder,
die Nachrichten lösche ich aus dem Archiv.
Auch deine Voicemail.

Es ist sowieso aus und vorbei.
Und obwohl ich das weiß,
suche ich nach dem letzten Puzzleteil.
Aber die Zeit hat gezeigt,
wie viel Glück ich verdiene.

Was wir aufgebaut haben,
fegt der Orkan wieder weg.

Ich schütte Benzin auf unsere Erinnerungen.
Während ich mein Herz mit Teer füllen lasse.

Und doch verschwinden
meine Gefühle für dich.
Einfach so.
Für immer.
Aber die Abdrücke gehen nicht weg.
Wie immer.

- Waldbrand

Nichts ist mehr dasselbe,
die Stille kneift mich wach.
Und daran zu denken, dass du
nicht mehr bei uns bleibst, hasse ich!

So wie der Wind und das Meer,
der Schatten und das Licht.
Alles ist so anders ohne dich.
Es tut mir leid, doch
ich kann nichts dafür.

Ich muss mich daran gewöhnen,
dass du nicht mehr bei uns bist.
Doch gebe viel zu oft nach.
Gebe viel zu sehr nach.

Wenn das Paradies Öffnungszeiten hätte,
schwöre ich dir,
würde ich nach dir suchen,
dich besuchen.
Bis ich einen Entzug fände.
Mein Herz schmerzt,
wenn ich für dich bete.

Wenn du nur wüsstest,
wie viele Sterne für dich
am Himmel stehen.
Wenn du nur wüsstest,
wie viele davon ich
für dich stehlen könnte.
Wenn du nur wüsstest,
wie sehr ich für dich
sterben wollen würde,
damit ich bei dir sein kann.

- der erste Morgen ohne dich

Das Sprichwort heißt, Zeit heilt alle Wunden.
Aber nur für Sekunden.
Und doch habe ich die Zeit nicht gefunden.

Selbst wenn wir uns nah sind,
bist du mir doch so fern.

- hedgehog's dilemma

Am liebsten möchte ich
meine sieben Sachen packen
und emigrieren.

Dort, wo mich niemand kennt,
bin ich zuhause.

I just need to be somewhere else
where nobody knows my name.
Because nobody cares
when I go upstairs.

- Inkognito

Gib mir eine Minute,
ich höre mir die letzte
Sprachnachricht zu Ende an.
Rufe deinen Namen
so laut, bis du
mich hören kannst.

Du hast mich getragen,
lässt mich dennoch fallen.
Ich dachte, du heilst alle
meine Narben.
Doch ich traue dir nicht.

Stattdessen verbringst du
deine Zeit, wenn die
Sonne scheint.
Überquerst den Fluss,
ohne zu ertrinken.
Und ich nehme den Bus
nach Niemandsland.

Du stehst mit beiden Beinen,
während ich mich
nach Sauerstoff sehne.
Und hoffentlich kann ich
endlich wieder schlafen,
ohne nach dir zu weinen.

- Sauerstoff

Jetzt
reiß
doch
endlich
das
verdammte
Pflaster
ab!

Ich denke in
schwarz, weiß und grau
anstatt in
rot, grün und blau.
Mein Kopf, so taub.
Ertrinken
ließt du mich.
Versank
mit dem Stich
in meiner Brust.

Weil ich weiß, dass
sobald ich deiner Stimme
lausche, dann
laufen meine Tränen
einen Marathon;
und das deinetwegen.

- meine Videokassette

Tsunami.
Waldbrand.
Orkan.
Absolutes Chaos.
Stille.

Nun liege ich in deinem Bett.
Mit denselben Gefühlen für dich, die ich vor zweieinhalb Jahren
hatte. Mit dem Unterschied, dass sie Tag für Tag intensiver wer-
den.
Ich lese unsere alten Konversationen immer wieder und wieder
und wünschte, du meintest jedes einzelne Wort ernst.

Du zauberst mir aufs Neue ein Lächeln in mein Gesicht, weil ich
die wertvollste Zeit der Welt mit dir verbrachte.
Doch du zauberst mir zugleich Tränen, die auf meine Wangen
kullern, weil das Erlebte bereits vorbei war und ich die Zeit un-
möglich zurückdrehen konnte. Nicht einmal eine Zeitreise in
Zeitlupe beendete dieses Problem.
Jedes Mal stelle ich mir vor, dich an meiner Seite zu haben. Wie
du neben mir liegst. Die Konstellationen mit mir ansiehst. Und
wir uns drücken, bis du meinen Hauch spürst und ich deinen. Ich
spüre, wie sich deine Lippen das erste Mal an meine rechte Wan-
ge drückten. Du liebtest mich tatsächlich.

Jetzt denke ich daran, wie du mich unerwartet in die Arme
nimmst. Und mir flüsternd deine Liebe gestehst. Bevor ich schla-
fe, denke ich an dich. Nachdem ich aufstehe, denke ich an dich.
Und das Allerschlimmste? Nach manchen Nervenzusammenbrü-
chen und den vielen Tränen denke ich an dich.
Wie du nicht auf den Gedanken kommst, mich eines Tages wie-
der sehen zu wollen. Was tat ich denn falsch?

Ehrlich gesagt wusste ich, dass unsere Beziehung nicht ewig hal-
ten würde. Aber ich wusste nicht, dass wir plötzlich den Kontakt
abbrechen und uns nicht mehr wiederfinden.
Wie ein kaputtes Puzzlebild; erraten niemals, welche Illustration
sich ergibt. Einerseits kann ich mich glücklich schätzen, dass ich
psychische Distanz gewinne.

Doch andererseits vermisse ich die Anziehungskraft, wie zwei Magnete aufeinanderprallen.

Und andererseits fühlt es sich wie eine Buchreihe an, die eigentlich keine Reihe ist.

Wie ein Buch mit einem Cliffhanger. Mit einem offenen Ende.

Erinnerst du dich?
„Ich werde dich immer lieben!",
„Du bist der einzige Mensch, dem ich vertrauen kann!"
und *„Du bist das Allerschönste, was mir passiert ist!"*

Deine auswendig gelernten Floskeln verwandelten sich in:
„Ich kann das nicht. Mit dir ...",
„Ich war sowieso nicht bereit für was Festes."
und *„Du bist sogleich das Komplexeste, was mir passiert ist."*

Dieses Déjà-vu. Jedes Mal, wenn ich dich endlich sah, fragte ich mich, ob ich dich ansprechen sollte. Wie zwei Wildfremde; die Liebe auf den ersten Blick.

Ich warte auf den Moment, wie du achtsam deinen Kopf hebst. Mich ansiehst und einfach so – ohne Worte oder Mimik – umarmst. Aber das tatest du nicht. Und ich weiß nicht, wie ich mich dabei fühlen sollte.

Befreit, dass ich das Drama los bin?

Beschmutzt, wie ein klebriger Kaugummi unter den Stühlen?

Ausgenutzt, als stünde ich auf deiner Liste, wem du als Nächstes das Herz brichst?

Und jetzt?

Ich weiß es nicht.

Tsunami.
Waldbrand.
Orkan.
Absolutes Chaos.
Völlige Unruhe.

Ich weiß es nicht.

Tsunami ...

Ich wünsche mir nur, dass wir uns wiedersehen. Und uns über das Versteckspiel noch ein zweites Mal unterhalten sollten ...

Waldbrand ...

... wie du mich küsst; bitte bleib bei mir ...

Orkan ...

... damit ich weiß ...

Absolutes Chaos ...

... wie sehr ich dir bedeute ...

FILMRISS ...

... doch die Zeiten sind anscheinend vorbei.

Warnung: Depressionen

Wir trafen uns mit vierzehn.
Schwerer Kopf, leere Augen.
Verloren.
Wusste nicht, wohin es mich treibt.
Ich liege wach,
wieso kommt alles hoch
in der Nacht?
Jede Nacht um vier
stehst du hier,
während ich
anfing, an mir zu zweifeln.
Zu hinterfragen,
Was aus mir wird.
Was mir die Zukunft schenken mag.
Wozu also die Ruhe,
wenn ich nicht ruhen kann?

Und nun stehst du vor mir.
Doch ich weigerte dir den Zutritt.
Andererseits wollte ich dazu gehören.
Zu einem Ort.
Zu einer Person.
Nur nicht zu dir.
Verfolgst mich in meinen
kühnsten Albträumen.
Während ich die
außenweltliche Dimension
ausblendete, nur um für ein
paar Stunden kreativ zu sein.
Du sahst mich an.
Gekleidet in grau.
Wie eine Regenwolke.

Du wirst häufig verwechselt.
Stigmatisiert.
Einmal trägst du den Namen
bloß nur eine Phase.

Doch über 14 Tage später
krankhafte Melancholie.
Du bist mittlerweile aus
allen Medien bekannt,
romantisiert.
Du bist mein Begleiter, der
mir alles andere als Gesellschaft leistet.
Flüsterst mir zu, dass mich keine
Menschenseele leiden kann.
Und ich sei ihnen egal.
Umgekehrt genauso.

Jetzt stehe ich hier
und sage dir hiermit den Kampf an.
Ich habe es satt, dass du
nur dann auftauchst, wenn ich
dich mal vergesse.
Was glaubst du, wer du zu sein hast,
indem du mir Lügen eintrichterst,
die ich dir leider abkaufe?
Ja, ein Sturm zieht auf.
Doch denk dran: Ich schreibe auch so
meinen Namen in die Dunkelheit.

Mit meiner Faust nach oben gestreckt
und mein Lächeln,
heller als der Vollmond
bin ich die stärkste Person,
der ich je begegnet bin.
Danke für deinen Besuch,
aber bitte komm nie wieder!
Denn ich komme auch ohne dich
besser zurecht.

- graue Wolken im Kopf

Sag, gehst du immer systematisch vor,
wie du Vertrauen und Herzen brichst?

- eine Frage, die ich dir schon immer stellen wollte

Denkst du auch an mich,
während die Meeresbrise dich willkommen heißt?
Du die Sonnenuntergänge blickst,
Sandkörner zwischen deine Zehen geraten
und du Hand in Hand mit einer Person entlang spazierst?

die Quest
البحث

Veränderungen sind beängstigend,
flüsterte mir der Mond zu.
Immer und immer wieder.
Während sie sich
schrittweise verformte,
in ein zauberhaftes Lächeln.

Ja, Veränderungen sind zwar
mit Verlust verbunden.
Aber vor allem mit Stärke
und Rückkehr.

Ein sich wandelnder Mond,
so hell und klar.

Wieso überfordert mich jede kleine Veränderung,
wenn auch wir uns mit der Zeit ändern?
Wie Tapeten ihre Kleider,
der Himmel seine Kulisse
oder die Schlagsahne ihre Konsistenz.

Das Leben ist nun mal ein Zyklus,
flüsterte ich mir selbst zu.

- *der Zyklus unseres Lebens*

Wie die Sterne und Planeten stehen
oder was mir Tarotkarten verraten,
soll meine Persönlichkeit
oder meinen Wohlstand nicht definieren.

- Horoskop

Eine so kurze Frage,
die dennoch eine präzise Antwort braucht.
Ich lebe zwischen zwei Welten, aber auch nicht.
Ich meine, interessiert dich das tatsächlich?

Denn deine Frage erfordert Details.
Zeit zum Zuhören, die
mit Geschichten meiner Vorfahren beginnen,
was damals vorgefallen ist, und
sowieso mit stundenlangen Diskussionen endet.

Mich kurz zu fassen,
kann ich es also sein lassen.
Weil das, was ich dir erzähle,
nur Märchen ist und nicht das,
was du von mir hören willst.

Meine Kurzfassung:
Ich lebe zwischen zwei Welten, aber auch nicht.

Meine ausführliche Version:
Da solltest du dir lieber einen heißen Tee schnappen,
denn das wird eine lange Geschichte ...

Ansonsten
hinterfrag bitte nicht,
was in meiner DNA liegt!

- Woher kommst du?

Diese Bedeutung steckt also hinter dem Namen.
An und für sich harmonisch, doch
andererseits paradox für Frauen
wie mich.

Eine schrille Musik quält unschuldige Ohren.
Nicht weil sie ihren Glauben an Gott verloren haben.
Sondern vielmehr, weil sie ihre Tore
für Neues geschlossen halten.

Die Transliteration,
wie sie die Ästhetik ruiniert.
Die Selbstablehnung,
hoch hinauf katapultiert.
Steigt exponentiell.

Lass uns stattdessen unser Markenzeichen tragen!

- Gottes Geschenk

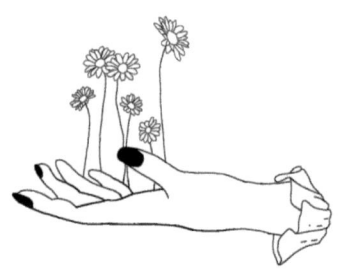

Ich frage mich, ob ich hübsch genug bin;
für einen besonderen Anlass.
Oder ob ich überhaupt hübsch bin.
Witzig.
Charmant.
Liebenswert.

Oft frage ich mich sogar,
wieso mich kein Kleid verzaubert.
Wie in Musikvideos, die ich so sehe,
in dem ein starker Nordwind weht
und um mich wirbelt, als wäre ich Kleopatra.

Gibt es einen Punkt, in dem dein Herz vergisst,
auf welchen Wert das Metronom eingestellt ist?
In dem du deinen Freunden von mir erzählst:
Ich denke permanent an ihr süßes Lächeln.
Wie es meinen Tag erhellt
und meinen Schlafrhythmus einstellt.
Oder du einfach froh bist, mich zu kennen?

Ich frage mich, ob ich hübsch genug bin.
Ich meine, klar habe ich nicht das schönste Lächeln
oder die melodischste Stimme.
Aber es gibt einen Punkt, in dem dein Herz vergisst,
auf welchen Wert das Metronom eingestellt ist.

- *Spieglein an der Wand*

Warnung: körperdysmorphe Störung

Manchmal würde ich gerne
den Reißverschluss öffnen,
aus meinem Körper steigen
und meinen Gedanken entfliehen.

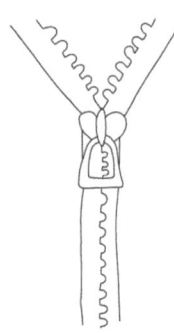

Wie ein Eindringling
im falschen Körper gefangen.
Ein Fehler im System scheint
nicht zu reagieren.

Es scheint so,
als würde jemand anderes
meinen Platz einnehmen.

- Reißverschluss

Das Leben ist schön.
Genieß jeden Moment,
den du hast!
Sagtest du.
Doch erzähl mir,
warum jede Prüfung
die schwierigste
zu sein scheint.
Bis alle
eines Tages
einen besseren Platz verdienen.

Wahrlich,
mit jeder Erschwernis
kommt Erleichterung.

- Lieber Gott!

Warnung: Polizeigewalt

Wir wehen die Fahnen,
Exekutive werfen Handgranaten
durch alle Gassen und Straßen.
Bringen Medienschaffende zur Strecke,
Terror ist zu spüren, in jeder Kante und Ecke.

Das Land verweilt hinter Gitter,
währenddessen verfolge ich das Leid
auf Facebook und Twitter.

Seit mehr als dreißig Jahren
Dunkelheit,
kein Licht in Sicht
weit und breit.
Nehmen uns das Leben,
denn nach Freiheit zu streben
schien aussichtslos.

Menschenmassen
in der Innenstadt
verspüren die Wut.
Denn sie sind es leid
und haben es satt,
sich nicht frei,
ohne Zensur zu äußern.

Wir schreiben Geschichte,
hieß es.
Unsere Hoffnungen sind zunichte,
heißt es.

Turbulent,
weil keine Stille in uns lebt.
Doch wozu die Stille,
wenn der Jähzorn siegt?

- Tag des Zorns

Meine Wurzeln, tief unter der Erde des Orients verankert.
Meine Denkmuster im Okzident freigesetzt.
Trenne ich mich von einem der beiden Länder,
gibt es kein Zuhause.

Es wäre falsch zu behaupten,
wie ich für Sprachen aus aller Welt schwärme.
Weil ich die des Westens perfektioniere,
während ich dich wegtrainiere
und Hieroglyphen sehe.
Bewundernswert meine *Mehrsprachigkeit.*

Ich wünschte, ich könnte dich verstehen,
aber nicht einmal Übersetzungen erleichtern mir
den Weg zu dir.

- *Muttersprache*

Die einen denken linear,
die anderen kreativ und klar.

Während die eine Partei
wie Rousseau handelt,
lauscht die andere der Melodie
und malt.

Und zwischen den beiden stehe ich.

- Tumor

Wie kann es sein,
dass du es nicht nicht weißt,
welche Signale ich dir sende?

Ich warte am Bahnhof um drei,
Bahnsteig Nummer zwei,
damit ich tausend Meilen fahre.

All die Botschaften –
ach, ich mache nur Spaß, alles cool.
Hör mich laut lachen und
observiere mich dabei,
wie ich den Ozean der
Nichtigkeit überquere.

Ein Hoch auf deinen Verstand,
den ich nie verstehen werde.
Dabei verlaufe ich mich
absichtlich, damit du mich
holen kommst.
Klingt das nicht erbärmlich?

Ich weiß, es wirkt lächerlich,
zu auffällig und nicht zufällig.
Doch was ich für dich empfinde;
all die Gedichte, die ich für dich schreibe,
versteht sich auch ohne Symbolfiguren.
Wozu dann gibt es die Poesie?

- *Klischee*

Ich versinke wie die Titanic, tief im Weltmeer.
Mein Kopf fühlt sich an wie in einem Stummfilm von Charlie
Chaplin.
Leer und hilflos.
Meine Lippen, paralysiert, bewegen sich nicht, weil ich lieber
verstumme, als mich in Worte zu fassen und zu explodieren.
Benebelt, alle meine Zeilen hinter Gitter.
Verirren sich im Labyrinth, ohne Ausweg. Kein Licht am Ende
des Tunnels erkennbar.
Ich versuche zu reimen.
Die Psyche jedes Individuums zu rühren und sie mit der Kraft der
Dichtkunst zu fesseln. Doch meine Wortwahl und Zeilen waren
instabil.
Mangelnder Rhythmus, kein Stern am Leuchten und Emporlo-
dern.
Tränen tropfen in Blockschrift auf mein Buch.
Ich flehe um einen Begriff, bei dem ich mich sicherer fühle.

Verflucht sei der leere, elende Gedankenstrom!

Keine Angelrute. Kein Netz und kein Anker in Sicht, die mich
aus dem tiefen, schwarzen Loch hier raus holen.
Sogar nach einem Bogen und Pfeilen zu greifen, war die reinste
Qual für mich. Machtlos Luft zu bekommen, aber kraftvoll zu
verlieren.
Ich kämpfe um die Lust auf Fantasie und Wortspiele.
Du, an meiner Seite und gleichzeitig von mir distanziert.
Kein Hafen, der mich schützt, blieb ungefährdet. In einem Song
hieß es, sobald du hauchst, gehörst du zu den Glücklichen.
Aber jeder Atemzug kommt mir wie ein Stich in meiner Brust
vor.
Du nimmst meine Hand und lässt mich zu Boden fallen, als ich
dich am meisten brauchte.
Meine Schreie, nicht zu lauschen. Die Realität frisst mich nach
dem Rauschen auf.

„Ich habe dich gewarnt und ignoriert hast du mich!", ruft eine Stimme aus der weiten Welt. Sie war mir unbekannt, aber nicht fremd. Meine Adern werden nicht durchblutet, jede Melodie verwandelt sich in ratlose Melancholie. Verschluckt im exorbitanten, schwarzen Loch. Wie lange verweile ich im Wrack? Erstickend rief ich nach Anarchie.

Verflucht sei der leere, ewige Gedankenstrom!

- H$_2$O

Alle meine Freunde
waren einmal vergeben
und nehmen Drogen,
von LSD bis Ethanol.

Und ich blicke hoch zu den Sternen.
Mit meinem Teleskop,
meiner Capri Sonne
und fühle mich wohl.

Ich kann nicht singen,
bin für kein Foto bereit.
Denn ich trage nur Dunkles
und entspreche nicht dem Bild,
das alle auf Instagram liken.

Was ihnen leicht fällt,
so quält mich allein
der Gedanke daran.
Und was mir leicht fällt,
so ist das selbstverständlich.

Ich beneide
leise und leide,
denn ich habe das Gefühl,
ich hätte kein Talent.
Keine Meilensteine, die
alle begeistern.

Und warum?
Weil mir das Leben
das Leben schwer macht.

- nicht die meisten

Dieser Krieg,
der mich außer Gefecht setzt.
Lässt mich glauben,
ich quäle alle und jeden,
denn ich habe was zu erzählen.
Doch ich frage mich:
Kann mir irgendwer glauben?
Kann ich wem vertrauen?

Dieser Krieg
geht einundzwanzig Jahre lang,
habe damit zu kämpfen.
Länger als die Aufrechterhaltung
des Schlosses Belvedere.

Und auf einmal bin ich an einem Punkt angelangt,
an dem ich überhaupt nichts mehr begreifen kann.

- mein innerer Krieg

Die Welt steht dir offen,
empfängt dich mit offenen Armen,
meintest du.

Doch wie soll ich bloß
dem Käfig entfliehen,
meine Flügel weit ausbreiten
und davonfliegen,
wenn du mich davon abhältst,
die Welt zu entdecken?

Ich möchte die Welt sehen,
neue Menschen in mein Herz schließen.
Doch auch ich fange langsam an,
mir im Weg zu stehen,
mich von der Realität abzuschotten.

Ich möchte mich verlieben,
ohne mich vor Ablenkungen
und dem Liebeskummer zu fürchten.
Ich weiß, die ewige Liebe existiert nicht.
Doch ich möchte es wenigstens erleben.
Dieses warme Gefühl in mir.
Das ich zu spüren bekomme,
wenn ich an die Person denke.

Nun stehe ich da als
meine eigene Barriere.

- der Vogel im Käfig

Meine Mutter sagte mir immer:
كل حاجه بتيجي في وقتها،
إنتي بس إدعي لربنا.[1]

Das Leben meint es gut mit uns.
Es wird dich überraschen,
sobald du es am wenigsten erwartest.
Alles steht in den Sternen geschrieben.
Doch jede Nacht stehen sie anders.
Nur Geduld.
Dein Glück wird kommen.

صبر.

Das ist das Schlüsselwort,
die Quintessenz
für ein erfülltes
everyday life.

- *Geduld* | صبر

---

[1] Alles zu seiner Zeit.
Überlasse es einfach Gott [Allah]!

Warnung: Rassismus

Eine Frau hält ihr Kind in die Arme,
es schläft friedlich, unschuldig und warm.
Nichts ahnend.
Insgeheim weiß es nicht, wie sehr seine Mutter leidet.
Die Umstände sind kaum zu ertragen.
Mr. Prima-Europa schreit aus dem Balkon halslaut: *Leise!*

Eigentlich erschuf Gott Hände, um Berge zu positionieren.
Aber nach all dem, was ich observierte,
kann ich es mir auch nicht leisten, mich selber zu verlieren.
Es blutet mir das Herz, mit dem Leid aufzuwachsen.
Dabei frage ich mich, wann werden Erwachsene erwachsen?

- wenn Worte wüten

Wieso ist es nicht legitim,
meine Meinung und Einstellung
im Echo zu schreien?

Warnung: PTBS, Trauma

Danke für den bitteren Morgenkaffee.
Dafür, dass ich mit Unbehagen aufwache.
Schweißgebadet, schnell pulsierendes Herz.
Paralysiert.

Danke für all die Glaubenssätze,
die mich Schritt für Schritt konstruieren,
bis ich wie eine Porzellanpuppe falle
und nie wieder aufstehen kann.

Danke für die Albträume
um drei Uhr nachts,
die mich okkupieren.
Die mich verblassen,
bis ich aus der Bildfläche
spurlos verschwinde.

Danke für den Sauerstoffmangel.
Plötzlich passiert alles im Hier und Jetzt.
Die Welt dreht sich im Kreis,
du kontrollierst mein System.

Tränen gleiten meine Wange herunter
und meine Gliedmaßen erkalten.

Und nun liege ich hier
wie ein Embryo.

Benommen und erloschen.

Danke für gar nichts!

- Filmriss

Daran zu denken, dass ich
dich ertragen muss, hasse ich.
Wie sich deine Misogynie
wie Moleküle in dir verstreut.
Hast du dir überlegt,
dich davon kurieren zu lassen?
Du konntest es nicht sein lassen,
außer mich damit zu vergiften.
Und nicht einmal in einer Nanosekunde
bemerkst du deinen Fehler,
kenne ich schon.

Ich inhaliere dein Opium.
Absichtlich.
Damit du nicht ahnst,
wie sehr ich dich und
deine Taktiken verachte.

- Skorpiongift

Mürrisch musterten mich meine Mitmenschen an.
Also radierte ich das Wort aus meinem Wortschatz aus.
Stattdessen nickte und lächelte ich.
Lehnte mich zurück.

Aber wie soll ich Leben retten?
Wie soll ich meins retten und schreien,
wenn ich stattdessen Schaden anrichte?

- die Sache mit dem Neinsagen

Nun stehe ich hier,
versuche nach dir zu greifen.
Auf Zehenspitzen stehend.
Ich spüre, wie sie schweifen;
wie ein Komet durch die Planeten.

Zerkrümelt,
realitätsfern.

Hoffnungslos hoffnungsvoll
gebe ich dir meine Hand,
doch du nimmst sie nicht an.

Siehst du mich
oder bin ich für dich
durchsichtig?

- Keksdose

Ich renne.
Ohne Pause.
Alle Schritte,
die ich zurücklege,
fegt der Wind sie hinfort.

Damit ich den Weg
zu mir zurück
nicht finde.

Die Zeit rennt zu schnell
und ich bleibe stehen.
Frage mich, wer ich bin
und weiß nicht wohin.

- Sanduhr

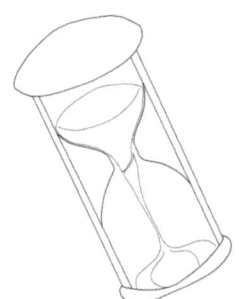

Weißt du, was mir Angst macht?
Dass ich weniger Mensch
und mehr eine Maschine bin.

Dass ich Schlange stehen muss,
bis ich in einen Zug einsteige
und mich im ersten Blick
wie in einem öden, utopischen Film
in eine Person verliebe.

Weißt du, was mir Angst macht?
Dass du mich dazu drängst,
mir all deine Vorträge anzuhören,
dass das Leben nicht immer
seine Schattenseiten zeigt.

Dass ich eines Tages über
meine Vergangenheit lachen kann,
wie ich während meines gesamten Lebens
auf meiner Meinung beharrt habe.

Weißt du, was mir Angst macht?
Die Zukunft
und was sich hinter den Kulissen abspielt.
Was in fünf, zehn oder zwanzig Jahren passiert.

Keiner weiß, wie viel vom Märchen
die ehrliche Wahrheit ist.
Aus: *„Ich werde dich immer beschützen"*
wird: *„Wage es nicht, mich zu verlassen!"*

Fäuste pulsieren,
Worte verletzen,
und, einige Zeit später,
Taten bereuen.

Warum kursieren Geschichten,
wo ich am liebsten niemanden mehr
unter meiner Regenbogenwolke einladen möchte?

Wo ich mich fürchte, Opfer
deiner moralischen Storys zu werden?

Wo ich am liebsten schreien, weinen möchte,
weil ich das chemische Gift nicht länger inhalieren kann?

Weißt du?
Am meisten fürchte ich mich davor,
alles oder nichts mehr zu fühlen.

Ich dachte, ich bräuchte dieses
gewisse Maß an Intimität nicht.
Denn wozu vertrauen,
wenn ich Mauern um mich baue?

Und irgendwie habe ich recht.
Ich brauche das alles nicht.

- Regenbogenwolke

Ich bin
auf der Suche nach meiner Kindheit,
meiner Jugend und meiner Großspurigkeit.

Keine Spur. Von ihm.
Leere.
Eine Brise zieht ein.
Minusgrade.
Ich vermisse den Herbst. Wie die bunten Blätter durch den Wind
wehen. Den Bäumen einen Abschiedskuss schenken. Während
mich die warmen Farben verzaubern und therapieren.

Ich vermisse den Frühling. Ich vermisse ihn. Zu warm für den
Winter, aber zu kalt für den Frühling.
Ich vermisse es.
Ich vermisse das Gefühl, mich erneut zu verlieben. Zu fühlen.

Aber es fühlt sich an, als wären meine Gefühle durch die Kälte zu
Eis erstarrt. So fest und doch so unbeabsichtigt. Sag, ist das pein-
lich, erbärmlich?
Lächerlich, jämmerlich?
Wenn ich doch nur mit Schaltern geboren wäre. Damit ich auf
Knopfdruck wieder fühlen und spüren kann, wie meine Finger
das Wasser berühren. Sanft. Als wäre es Porzellan.
Damit ich auf Kommando wieder lachen kann, auch wenn mir
nichts Witziges auffällt.

Stattdessen spüre ich diese hässliche Wut in mir, die ich nicht
steuern kann. Wie eine Kapitänin, die ihr Schiff bei Sturm und
Hagel steuert. Kombiniert mit Ekel kontrolliert sie meinen Ver-
stand.
Stimmungsschwankungen.
Noch nie habe ich alles und jeden um mich herum verachtet. Au-
ßer wenn ich schlechte Tage erfahre; mich mit wem streite oder
wenn jemand einen Streit provoziert.
Gefühlschaos.

Mein Kopf blockiert mir die Sicht; auf ein glückliches Leben.
Auf ein glückliches und zufriedenes Ich.
Qualm.
Der Qualm vom letzten Silvesterabend blendet mich aus. Erstickt
mich, bis ich mir das Leib aushuste.

Durchsichtig. Wie ein Gespenst beachtet mich keine Menschenseele. Niemand möchte mich jemals beachten.

Liegt das daran, dass ich eine schwacher Mensch bin?

Doch was lässt mich als schwach definieren?

Irgendwas bedrückt mich, möchte aber keine Wenigkeit quälen. Also wage ich nicht den Schritt, von meinem Schmerz und Kummer zu erzählen. Ich frage nach dem Ziel. Fange an zu graben und zu suchen. Hilfeschreie.

Keine Reaktion.

Ich frage nach dem Sinn.

Wo soll ich hin, um mich nicht zu verkennen? Ich habe das Rennen satt! Das Rennen um das perfekte Leben. Bis wohin soll ich gehen, um mich besser zu verstehen?

Das Leben rennt an mir vorbei, oh nein!

Wann begebe ich mich auf die Suche? Auf die Suche nach Ergänzung, mehr Anerkennung und Bestätigung. Am liebsten möchte ich alle Fenster der Welt aufmachen. Alle Umzugskartons daraus werfen.

Nach meiner Jacke greifen und laufen. Schneller als Forrest Gump. Und meine Narben aus der Vergangenheit in die Dunkelheit schreiben.

- auf der Suche

Hörst du nicht das Meer
in sechstausend Sprachen rauschen?
Halt mich fest und ich lass dich lauschen.

- Meer in der Muschel

die Eudaimonie

السعادة

Du, atemberaubend,
berauschend im Rotlicht.

Wie sich deine Augen
in meinen spiegeln
und du erkennst,
dass ich in Wahrheit
dich mehr als sonst brauche.

- Rotlichtmilieu

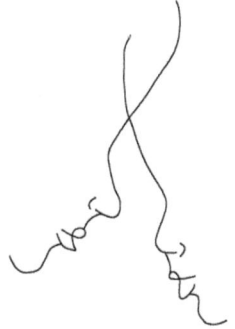

Warum ich mich in dich verliebe?
Ich muss mich nicht beweisen,
mich nicht rechtfertigen.
Denn mit dir bin ich ich selbst.

Was mich neugierig macht, ist,
falls wir uns endlich treffen,
wie wir uns begegnen?
Wie zwei Fremde,
die die Liebe nach dem ersten Blick suchen,
oder so,
als hätten wir uns lange nicht mehr gesehen?

Ich möchte dich persönlich erleben;
dich umarmen, küssen und riechen.
Dich lachen hören und weinen sehen.
Hören und spüren.
Wie unsere Herzen
im selben Takt,
in derselben Sekunde pulsieren.

Und ich weiß, es klingt bizarr.
Doch ich hoffe von ganzem Herzen,
dass wir uns länger und besser
kennen und verstehen wie kein anderer.
Weil ich meine Gefühle für dich
unmöglich erwidern kann.

- *Sechser im Lotto*

Ich schicke dir
eine Postkarte nach der anderen,
weil ich einen zweiten Platon brauche.

Doch die Abstände distanzieren
sich immer weiter,
Intervalle werden
immer unregelmäßiger
und ich bleibe
einen Moment stehen.

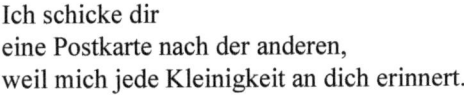

Ich verpasse all die Tage
meines Lebens,
nur um auf deine Nachricht zu warten.
In der Hoffnung,
dass du dich bald meldest.
Anstatt mir Vorwürfe zu machen,
wie achtlos ich sei.

Ich schicke dir
eine Postkarte nach der anderen,
weil mich jede Kleinigkeit an dich erinnert.

Alleine hoch zu den Sternen zu blicken,
fällt mir schwerer als jede banale Schlacht.
Manchmal frage ich mich,
wie der Lebensstil wohl auf anderen
Planeten funktioniert.

Dabei wollte ich doch nur reden
über das Leben.
Stattdessen liege ich in meinem Bett,
nur um auf deine Nachricht zu warten.
In der Hoffnung,
dass du dich bald meldest.
Anstatt mir Vorwürfe zu machen,
wie achtlos ich sei.

Ich schicke dir
eine Postkarte nach der anderen,
weil ich jemand Besonderes vermisse.

Dabei möchte ich
einen neuen Freund gewinnen.
Einen Freund,
mit dem ich meine Interessen teile.
Einen Freund,
der bei den schwierigsten Zeiten
an meiner Seite steht.
Einen Freund,
dem ich Vieles beichte,
ohne mich zu fürchten.

Und das tat ich bereits.

- Postkarte

Vergiss Smalltalks!
Ich will nicht wissen, wie das
Wetter gestern war und was
deine Lieblingsfarbe ist.

Ich möchte tiefer graben,
die Schatzkiste,
den weichen Kern in dir entdecken;
deine Werte und Moral kennen.

Wann hast du das letzte Mal geweint?
Was bedeutet Glück oder Gerechtigkeit für dich?
Wo würdest du sagen, ich habe alles, was ich brauch'?

Die glorreiche Facette
dreht sich im Kreis.
Auf Leinwand.
Dreidimensional.
Ein Kinohit.

Während deren Monde in Vergessenheit geraten,
frage ich mich, wieso ein Zwerg seine Rolle abgibt,
wie viele Sterne im Himmel leuchten und wie es wäre,
wenn unsere blau-grüne Welt eines Tages verpufft.

- Planetarium

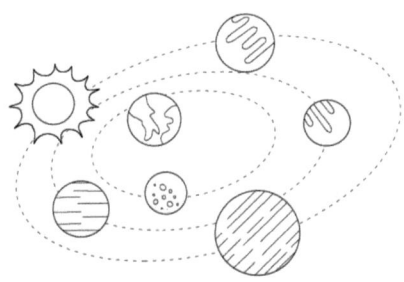

„Alle Jahre wieder", sangen die Chöre in allen Winkeln und Gegenden, während ich den Kosmos besichtigte, wie er im gigantischen Berg weißer Pulverflocken sank. Nun stand ich gegenwärtig mit beiden Beinen, und mit meinem Kopf tief versunken fragte ich mich, ob das ein Déjà-vu sei. Kräftig kniff ich mich, bis ich alles und jeden um mich herum wahrnahm.

„Kurzer Realitätscheck: Ich befinde mich nicht in den Chroniken von Narnia, aber wo? Und, die wichtigste Frage: Was, weshalb, wie und wann?"

Im Geiste klebte ich meine Polaroids an die Wand, dekorierte meine Stube mit stimmungsvollen Lichterketten. Aber als ich die gebrannten Mandeln und den Duft von Lebkuchenherzen roch, wusste ich, dass es so weit sei: Die Saison hat begonnen. Ich hörte das Klicken deiner Sofortbildkamera; und wie sie deinen Schnappschuss druckte. Achtsam hob ich meinen Kopf, sah dir tief in die Augen und fragte mich, wieso du mich wissbegierig anblicktest und deinen Apparat bereithieltst. Du erkanntest meinen fragenden Blick und antwortetest mir: *„Die Kulisse, sie ist atemberaubend. Da musste ich den Moment festhalten."*

Ich lächelte, hörte wiederholt das Klicken der Kamera. Kinderaugen strahlten, und Träume wurden wahr.
Wir streiften tanzend herum wie die Lichter über die Gesichter und stießen auf das neue Jahr an. Erneut zücktest du deinen Fotoapparat und wir schossen ein paar Fotos von mir. Von dir. Uns. Und die Magie, die uns verband.

Wir hielten an, lehnten uns an den einen Stand an, wo wir uns das erste Mal begegneten. Sprachen über den Sinn des Lebens.

Über deine geplanten Jahresvorsätze, während ich meine Augen verdrehte und seufzte: *„Von wegen, ‚new year, new me'! Wetten, du kapitulierst nach fünf Tagen? Ach, was rede ich da? Nach drei Tagen."*
Ich betonte bewusst die Zahl.
Du lachtest.
„Alles klar. Ich schnall's."

Die Flammen der Adventkränze schwoften im Takt hin und her. Und die Musik; laut, aber harmonisch.

Während sich die Chemie zwischen uns entwickelte und wir sie mit Bemühen nicht vernichteten, fiel mir die brillante Idee ein: Wunderkerzen! Schnell und ohne Worte nahm ich deine Hand und eilte mit dir Richtung Rathaus. Der Frost hielt mich fest, ließ mich nicht los. Dicke Schneeflocken klebten auf meinem Schal. Das Ambiente verblüffte mich mit seiner Grazie. Deine Worte, zart wie die Nacht, als du meine Ohren mit liebevollen Klängen betäubtest. Ich lächelte. Ein zweites Mal.

Neuerlich sahen wir uns tief in die Augen, sie loderten empor. Wir rückten uns näher, bis sich unsere Stirne berührten. Du flüstertest mir zu, ich bedeute dir die Welt und dass sich Aphrodite ein Beispiel nehmen sollte. Du flüstertest mir zu, wir gehören zusammen wie Schatten und Licht. Wie im Rampenlicht vergaß ich die Idee mit unseren Wunderkerzen, dass Wien der zweite Südpol sei. Dein Aroma, du rochst nach Honigkuchen. Deine Hände, weich wie Wolken. Deine Lippen, warum küsst du mich so sanft?
„Ich liebe dich, mein Christkind. "

- wenn Kinderaugen strahlen

Eine klare Brise zieht ein,
pustend an der Pusteblume,
doch mein letzter Wunsch:
du an meiner Seite.

- Pusteblume

Eins, zwei, ja wenn auch
elf oder sogar achtundneunzig und
addieren wir sie, kommen wir auf hundertzwölf.
Hundertzwölf Stücke pures Gold.
Hundertzwölf authentische Bilder von uns zweien.
Endorphine verteilen sich in meinem Zentrum,
sobald ich sie aufhänge, mit Lichterketten dekoriere.

- Polaroids

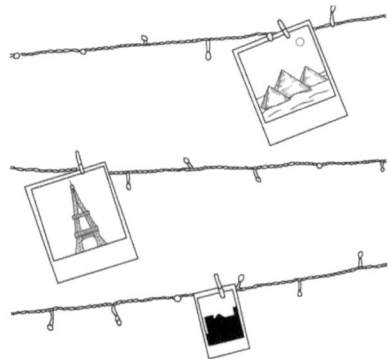

Stundenlang warte ich
auf eine Antwort von dir.
Doch ich mache mir Sorgen,
dich aus dem Kopf zu verlieren.
Es macht mir zu schaffen,
dass ich es nicht raffe,
wie ich all den Ballast kompensiere.

- Halt mich fest!

Wenn du lachst,
strahlt die Terra sonnenklar.
Und wenn du tanzt –
ach Mutter, wie sehr du glänzt.
Du bist mein Schatten zu meinem Licht
und ohne dich kann ich nicht.

- für meine Mutter

Der Regen, wie er auf die Dächer prasselt.
Die Uhr, wie sie den Stundenzeiger zurückstellt.
So weiß ich, ein gewisser Monat bricht ein.
Und der Oktober, mutterseelenallein.
Gucke aus der Skyline und schreibe
Goodbye und *Wir sehen uns im November*,
anstelle von *Hi* und *Ich bin's, remember?*

Das Chlorophyll verblasst Schritt für Schritt
und ich tanze auf dem Laubhaufen mit jedem Tritt.
Erinnerungen steigen auf.
Da fällt mir wieder ein:
Als Kind sammelte ich Kastaniensteine,
das waren Zeiten.

Lieber November,
ich besuche gerne deine Wälder.
Halt mich für immer fest
und vergiss den Rest!

Oh no, you left ...

Bitte komm heim
und verweile
für immer mit mir allein!

- November

Ich fliege hoch zu den Sternen,
um endlich wieder zu lernen,
nach ihnen zu greifen
und auf den Druck zu pfeifen.

Oh, du liebe Zeit,
ich vermisse die Freiheit.
Lange keine Spur davon mitbekommen!

- Heißluftballon

Eine neue Reise beginnt. Das kraftraubende Kapitel ist abgeschlossen. Alles rennt an uns vorbei, alles passiert so kometenhaft, dass ich die Welt kurz pausieren möchte.

Weil ich es selbst nicht fassen kann, was gerade geschieht. Kneift mich wer? Passiert das gerade wirklich? Nein, oder? Ich, die für zwei Jahre versucht hat den Weg zu gehen, habe es aus dem Teufelskreis geschafft.

Aus der Achterbahn, die versucht hat, mich hinauszukatapultieren.

Nun beginnt eine neue Reise. Eine Reise, in der ich am liebsten die ganze Welt in meine Arme nehmen möchte. Eine Reise, in der ich meine Umgebung bewusst und wertschätzend wahrnehme, als wäre der Tag mein letzter. Eine Reise, die ich nie vergessen werde.

Endlich kann ich tief Luft holen und laut singen. Egal wie sehr mir die Begabung fehlt. Endlich kann ich tief Luft holen und mir die Seele aus dem Leib schreien, bis meine Stimme versagt.

Ich vergieße vor Freude eine Träne nach der anderen. Wenn ich wüsste, was meine Freunde und Gegner jetzt denken. Auf ein neues Abenteuer, würde ich sagen. Auf ein neues Kapitel, das geschrieben werden muss.

Zukunft, mach dich bereit; ich komme!

Liebe Vergangenheit, es war mir ein Fest.

Und liebes Jenseits, danke für deine moralische Unterstützung.

Unglaublich, wie mir die Worte fehlen.

Träume ich etwa? Keins der Vokabularien, national oder international, könnte meine Sensation; die Situation näher beleuchten.

Selbst wenn du mich nur ansiehst,
statt dass du zu mir sprichst,
sehe ich dir tief in die Augen.
So kaffeebraun, wie sie sind,
möchte ich mich am liebsten in
deinem kleinen Kosmos verlieren.
Deine Worte, so süß wie Honigkuchen,
fegen die Einsamkeit aus mir raus.

- Kaffee und Kuchen

Du warst zwar
nicht die erste Liebe
meines Lebens.
Aber durch dich kommt mir
jede vergangene Beziehung
so irrelevant vor.

Du und ich
auf unserer virtuellen Insel.

Blicken im selben Moment
hoch zu den Sternen.

Hören im selben Moment
denselben Song.

Lesen im selben Moment
dasselbe Gedichtbuch.

Machen im selben Atemzug
einen Spaziergang,
irgendwo und nirgendwo.

Nur du und ich
auf unserer virtuellen Insel.

Rund 2400 Kilometer
voneinander entfernt.

Aber es fühlt sich nicht so an.
Denn jeder Buchstabe,
jedes Wort
vermittelt mir dieses Gefühl.

Dieses warme Gefühl,
was ich nur bei dir
zu spüren bekomme.

- unsere virtuelle Insel

Du findest mich
um fünf vor
das wollte ich schon immer
auf der Dachterrasse,
unter strahlendem Mondlicht.

Der Himmel, wie er sich kleidet,
genießt die Show, wie wir gemeinsam
die Nacht verzaubern.
Zu Coldplay tanzen
wie die Flammen eines Teelichts.
Mach, dass wir die Zeit anhalten
und wachbleiben, bis die Wolken lila sind!

- *Teleskop*

Schon fast fünf und ich denke an dich.
Mein Kopf wiegt schwer vom ganzen Tagträumen.
Wie unser Lachen durch die Nacht hallt.
Mitternacht.
Nur wir zwei, gemeinsam.

Wir reden über Philosophisches. Unsinniges. Tiefsinniges.
Über Gott und die Welt. Liebe.
Gerechtigkeit. Leben.
Wir schmieden Zukunftspläne. Bleiben lange wach, bis sich die
Sonne aus dem Horizont zeigt.

Wir drehen Coldplay ganz laut und tanzen zur Musik.
Lachend.
Weinend.
Händchen haltend. Du nimmst mich in deine Arme.
Streichst langsam mit deinen Fingern über mein Gesicht.
Funkensprühen. Die Sterne stehen wieder anders. Mir wird warm
ums Herz, ich vergieße eine Träne nach der anderen.

Am liebsten möchte ich meinen Kopf an deine Schulter lehnen.
Und meine Hand an deine Brust. Dein Herz synchron mit mei-
nem pulsieren spüren. Dir zuhören, dass alles in Ordnung wird.

Noch nie erkannte ich, welche Bedeutung Glück für mich hat.
Bis heute. Bis ich dich kennengelernt habe.
Und seitdem du wie Atome in mein Leben gestoßen bist, verliebe
ich mich umso mehr in dich. Die Idee, uns eines Tages zu verlie-
ben. Wie in einem Roman.
Denn du bist ein Himmel voller Sterne, die heller leuchten, je
finsterer und aussichtsloser es wird.

Schon wieder fast fünf und ich denke immer noch an dich. Wie
sehr ich mir wünsche, dir eines Tages höchstpersönlich zu sagen,
dass ich mit dir glücklicher bin als je zuvor. Dass ich dir dankbar
bin, ein Teil deines Lebens sein zu dürfen. Es ehrt mich.

Über fünftausend Begriffe im Duden, und keiner davon kann
meine Ekstase beschreiben.

Du ziehst mich magisch an,
ich fühle mich durch
deine Musik zuhause.
Ich spüre, wie meine Hand
den Sand berührt.

Du erzählst mir die besten Märchen
aus [2] ألف ليلة و ليلة,
wie niemand mir zuvor vorlas.
Oh, wie sehr mir diese Zeit fehlt.
Ich schlafe nicht mehr ein
wie unter deinem Mondlicht
und mit dem Rauschen des [3] نيل.

Jeder Sonnenuntergang,
jedes Vogelgezwitscher,
jede Autohupe
erinnert mich daran,
dass es mehr zu entdecken gibt.
Antiquitätenladen in allen Straßenecken,
du erweckst die Nostalgie, [4] يا قاهرة .

Deine Gewürze wecken Kindheit.
Deine Märkte die zwischenmenschliche Ebene.
Ich weiß, ich habe dich nie besucht.
[5] لكن في يوم من الأيام يا قاهرة.
fliege ich zu dir, wir spielen Schach

---

[2] *Tausendundeine Nacht*

[3] der Nil(strom)

[4] (oh,) Kairo

[5] Aber eines Tages, (oh) Kairo

98

und lauschen عمر خيرت[6]
oder أم كلثوم[7] im Radio.

صدقيني في يوم من الأيام هرجعلك يا قاهرة.[8]

Oh, what would I do without you?
I can't help that I'm far away from you.
But we still have to keep the distance
و أوعدك إني هرجعلك يا قاهرة.[9]

Because there's no place I'd rather be.
And there's no place like home.

- Kairo | القاهرة

---

[6] Omar Khairat (*1949), ägyptischer Komponist

[7] Umm Kulthum (~1898/1910-1975), ägyptische Sängerin und Musike-rin

[8] Glaub mir, eines Tages kehre ich zurück zu dir, (oh) Kairo.

[9] Und ich verspreche dir, dass ich zu dir zurückkehre, (oh) Kairo

Ich tauche ein,
in eine neue Dimension.
Broadway Straßen,
die Innenstadt
in Neonlichtern,
Kinofilm Szenerie,
mit meinen AirPods
und die Musik ganz laut.

Ich beachte nicht,
was um mich herum geschieht.
Wenn es nur so leicht wäre,
im Leben auf Pause zu drücken
und bis zu der Stelle zurückzuspulen,
die ich versäumt habe.

Am liebsten möchte ich
laut singen und dazu tanzen,
ohne dass sich Blicke auf mich richten.
Ich führe Regie bei meinem eigenen Musikvideo,
sodass alle ihren individuellen Platz finden.

- Musikvideo

Und eines Tages
kollidiert die Sonne
mit dem Mond,
fragend nach sanfter
und warmer Umarmung.

Und das, was wir als Eklipse bezeichnen,
ist der Beginn einer Liebesgeschichte.

- Finsternis

Wir drehen uns im Kreis,
ich nehme deine Hand
und führe dich herum.
Spielen Tischhockey,
tanzen um die Wette und
wetten um den schärfsten Sehsinn,
schärfer als der eines Adlers.

Fahren die Strecke entlang
wie in Mario Kart.
Nur ohne Fallen oder Tricks,
aber dafür mit jeder Menge Adrenalin
und Bauchkrämpfe vor Gelächter.
Karma.

Du lächelst mich an
im Riesenrad.
Blicken Wien
aus dem Fenster.
Mit Polaroids von uns beiden.

Wir drehen uns im Kreis,
immer im Kreis im Kettenkarussell,
in doppelter Geschwindigkeit und
mit unserer Zuckerwatte in der Hand.

Sie schmeckt wie
deine leidenschaftlichen,
zarten Küsse.
So süß und kaum wegzudenken.
Strawberry Shortcake,
mein Lieblingskuchen.

Manchmal wünsche ich mir,
ich könnte die Zeit anhalten.

Manchmal wünsche ich mir,
ich könnte den Wiener Prater
den Rücken kehren,
ohne dass es mir leid tut.

Doch dieser Ort erweckt
mein inneres Kind
wie kein anderer.

Haare raufen,
dann Huckepack durch die
Straßen entlang laufen.

Eine Nacht, die unvergesslich bleibt.

- Wiener Prater

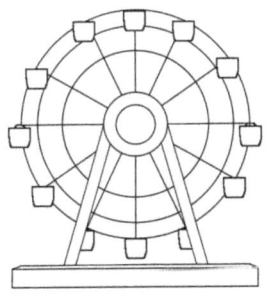

Langsam fantasierte ich, wie ich im ersten Wiener Bezirk streunte. Tanzend und singend aus meinem Leib mit meinem Regenschirm in der Hand. Die Bühne gehörte mir und ich war meine eigene Schauspielerin. Als befände ich mich auf den Straßen vom Broadway. Magische Boulevards, dessen Ortsnamen wir in Sagen lauschen.

Fragend, wann es an der Zeit war, aus der Realität zu entfliehen, versuchte ich, diese erbärmliche Stimme in meinem Kopf mit Kompositionen von Johann Strauss auszublenden.

Klischeehaft, oder?

Den Durst zu löschen, fiel mir schwer. Bis ich die Chance nutze, in eine andere Dimension zu tauchen.

Die Atmosphäre, wie sie mich berauschte. Themen und Epochen, in Form von Gemälden, Skulpturen, verschiedenen Sichtweisen und Multimedia. Von Künstlern wie Picasso, Van Gogh oder Kandinsky zur Politik und Gesellschaft. Mir fehlte das Farbverständnis und die Interpretationsfähigkeit. Mein Phantom verließ mich und nahm eine Perspektive jedes Malers und Bildhauers ein. Während ich den Kubismus erlebte, wie er seine Illustrationen stilvoll in Szene darstellte. Von Zeit zu Zeit stellte ich mir die Frage, wie es wäre, wenn die Welt keine bunten Kleider trüge.

Wie eine Taube öffnete das Naturhistorische Museum seine Tore. Gespannt und mit großen Kinderaugen versetzte ich mich in vielfältigen Geschichten.

Erlebte den Kalten Krieg und fühlte mich wie Alec Leamas, *der Spion, der aus der Kälte kam.*

Jede Emotion.

Jeden Gedanken.

Jeden einzelnen sensationellen Augenblick konnte ich verspüren. Wie sich die Vier im Jeep in ganz Österreich aufteilten. Faszinierend, dass ich mein eigenes Dasein weiterbilde. Ohne jeglichen Zwang und Druck, sondern aus persönlicher Motivation. Ohne das Gefühl, erspäht und umzingelt zu werden.

Faszinierend, wie jede Religion ihre rationalen Seiten zur Schau stellte. Und gleichzeitig hinterfragte ich, ob sie die Ursache vieler Kriege sei.

Das Literaturmuseum. Der Schatz aller Schätze hieß mich herzlich willkommen. Trug die besten Gedichte in der österreichischen Geschichte vor.

Das Haus der Schreibenden lud mich auf eine Schreibwerkstatt ein. Doch zuerst war ich auf der Suche nach einem Arbeitsplatz. Gesucht, gefunden – der Schreibtisch von Franz Grillparzer eignete sich hervorragend, die lyrischen Werke zu vervollständigen und eigene Erzählungen und Gedanken zu schreiben. Die Rast nutze ich, um ein paar Worte an die Schreibblockade zu richten. Es war an der Zeit, von meinem Begleiter Abschied zu nehmen. Und von der Last, die ich mein Leben lang ertrug.

Plötzlich weckten mich die Glocken aus meiner Trance und traute meinen Augen nicht. Wie lange befand ich mich auf einer Reise der Kunst, der Vergangenheit und der Welthistorie? Und warum weilen wir blitzartig im Jahr 2020? Und wo ist der Rest? Fragen über Fragen.

Trotz der Realität teleportierte ich mich ein weiteres Mal in Galerien oder Archive. In Zeitlupe und auf halber Geschwindigkeit.

- Zeitrausch

Du schmeckst süß
und bitterlich zugleich.
Dich gibt es in verschiedenen Variationen,
die Auswahl fällt mir nicht leicht.
Deine Krümmel haften an meiner Bluse,
der Abdruck geht nicht weg.
Die Spuren zu bleichen,
wäre eine Zumutung.
Denn es ist nicht irgendein Fleck.

Ich konnte dich nicht genießen,
das ist nicht fair.
Gib mir mehr
von deinem
Zartbitterschokoladenkuchen!

- Zartbitterschokoladenkuchen

In dem Moment, als wir
uns im Universum verloren,
kollidierten wir uns zu einem Himmelskörper.

Ich habe mich verliebt,
in deine braunen Augen.

Alles, was mir unerklärlich erschien,
fühlte sich richtig an.

Wie gewohnt starrst du
deinen Morgenkaffee an.
Dabei wünsche ich mir, dass
du an mich denkst,
während du keinen Liter
Milch einschenkst;
die Bitterkeit verträgst.

Damit er meinen
dunkelbraunen Augen ähnelt.
Damit er dir schmeckt,
so wie du mich küsst.

- braune Augen

Heutzutage wird das Konzept der Liebe oft missverstanden, weil wir in einer Konsumgesellschaft aufwachsen, in dem das Materielle über allem steht. Wie ein König, der mit seinem Zepter auf seinem Thron sitzt; so überlegen und mächtig.

Liebe funktioniert wie ein Konzern, indem wir handeln, kaufen und verkaufen.

„Ich tu' was für dich und du tust was für mich."

Liebe bedeutet nicht, den utopischen Liebesfilm zu leben, der letzte Woche im Kino lief.

Sie ist auch keine Skulptur in einem kunsthistorischen Museum, der wir nicht zu nahe treten dürfen.

Liebe bedeutet nicht *candle light dinner* um 21:15 Uhr. Romantische Spaziergänge am Strand. Oder wie ein Tourist eine Runde mit einer Kutsche neue Straßenecken erkunden, die du noch nie zuvor in deiner Stadt begegnet bist.

Vielmehr geht es um die kleinsten Gesten.

Eine *„Ich vermisse dich"*, *„Wie war dein Tag?"* oder *„Wann sehen wir uns wieder?"*-Nachricht aus dem Nichts erhalten.

So unbegründet, unerwartet.

Weil du konstant an dieselbe Person denken musst, die dein Leben bereichert und erleichtert. Die du bedingungslos über alles liebst und alles an ihr bewunderst.

Bei der du weißt, dass dieser Mensch zu dir hält.

In guten wie in schlechten Zeiten.

Liebe bedeutet, ein Lächeln ins Gesicht, statt salzige Tränen in den Augen, zu zaubern. Auch wenn nach einer herz- und nervenzerreißenden Trennung die Sekunden gezählt sind und die rosarote Welt kollabiert, freut ihr euch füreinander.

Denn anstatt zu erpressen und zu bedrohen, geht das Leben weiter und es bleiben die schönen Erinnerungen, die ihr gemeinsam erlebt habt.

Liebe bedeutet nicht, eine Diskussion zu gewinnen und sich gegenseitig zu quälen, wer recht hat. Sondern sein Ego in solchen Augenblicken in den Hintergrund zu rücken. Liebe bedeutet Glückseligkeit.

Harmonie.

Vertrauen.

Konsens.

Kommunikation.

Freiheit; der Person Raum zu bieten, sie selbst zu sein und sich mit dir an deiner Seite weiterzuentwickeln.

Träume anderer zu unterstützen, obwohl sie nicht deinen Interessen entsprechen oder im ersten Blick unrealistisch oder obskur erscheinen.

Intimität.

Du traust der bestimmten Person deine intimsten Geständnisse, Gedanken und Geheimnisse an, die sonst deine besten Freunde nicht kennen. Ohne Furcht und Scham. Wie ein Tagebuch öffnest du dich und drückst deine Gefühle für sie aus, während sie für dich da ist und dir jede Sekunde zuhört. Du fühlst dich geborgen und willkommen in eurer Insel, in eurem Hafen. Wie ein freundlicher Gastgeber, der dich in sein geheimes Schloss einlädt. Weil diese Person dir vertraut.

Dich wertschätzt und das Glück kennt.

Weil sie dich in- und auswendig kennt.

Genieße die Chemie zwischen euch!

Die Anziehungskraft, die euch bindet.

Das Leben ist kostbar.

- Code: 100/100

Philosophische Gedanken, die mich wachhalten.
Gerechtigkeit und Fairness.
Gedichte, die sich nicht reimen.
Meine Verwundbarkeit.
Meine Gefühle.
Erfahrungen, positive wie negative.
Weltschmerz.
Glückseligkeit.
Liebe und Zusammenhalt.
Geheimnisse.

- eine Liste an Dingen, die ich mit der Welt teilen möchte

Während Menschen Hass schüren,
um ihre Überlegenheit zu beweisen,
kostet die Liebe Kraft,
Anziehung
und Tiefe.

Weil ich mich verliebe.
Jeden Tag.
Jede Nacht.
In die Art, mit Zeichen zu jonglieren.
In die Art, mit Worten zu spielen.
In die Kunst.
Die Sprachen.
Die Musik, eine Symphonie.
Frag' das Orchester,
es weiß Bescheid.

- warum ich eine Poetin bin

Es ist okay, Ozeane zu weinen.
Keine Schokoladenseite,
keinen Plan B zu haben,
nicht Klassenbeste zu sein.

Es ist okay, keine Referenzen für
die richtige Person zu konsultieren.

Es ist okay, zwischen Sprachen zu switchen.
Auch wenn Leute diese nicht sprechen.
Nicht verstehen, worauf du hinaus möchtest.

Es ist okay, nicht *perfekt* zu sein,
weil der Maßstab bloß soziales Konstrukt ist,
eine Fiktion.

Lass dir all die Zeit der Welt!

- Liebe M!

NACHWORT ZUR ZWEITEN AUFLAGE

Erstmal: Vielen Dank für die überwältigende Resonanz, die mich seit meiner Buchveröffentlichung erreicht haben! Ich hätte nie gedacht, dass ich es schaffe, bekannte Kreise und neue Gesichter mit meinen Worten zu verzaubern. Ich bedanke mich auch für die konstruktive Kritik und die Hinweise für *tausend und ein wort*. Es stimmt, dass der eine oder andere Faktor den Lesefluss stört und der Funke zwischen euch und meinen Gedichten dimmt. Aus diesem Grund veröffentliche ich dieses Buch in der überarbeiteten Version.

Grundsätzlich bleibt alles beim Alten. Abgesehen von einigen Flüchtigkeitsfehlern, die ich nach der Veröffentlichung entdeckt und verbessert habe, gibt es auch zu den arabischen Teilen meiner Gedichte die entsprechende Übersetzung in den Fußnoten. Als große Verfechterin der mentalen Gesundheit möchte ich betonen, dass mein Gedicht *Reißverschluss* jetzt eine Triggerwarnung für „körperdysmorphe Störung" statt dem veralteten Namen „Dysmorphophobie" trägt, da sie seit diesem Jahr im ICD-11 als eigenständiges Krankheitsbild aufgenommen wurde. Außerdem ganz wesentlich, worauf ich keine Rücksicht nahm, waren das Layout und die Schrift, die kaum leserlich war. Ich gebe weiterhin mein Bestes, mein Buch in beiden Formaten lesbar zu gestalten.

Ich bedanke mich (erneut) bei euch treuen Leser*innen. Denen, die Poesie für sich neu entdeckt haben. Denen, die meine Texte am liebsten inhalieren könnten. Denen, die mit einem Exemplar von *tausend und ein wort* ihren Liebsten Freude bereiten konnten.

Falls euch das Buch gefällt, würde ich mich über eure Rezensionen in Buchshops freuen. Gerne auch in Form von Blogs oder auf Bookstagram! Das hilft dem Buchmarkt, das Werk zu vermarkten, und kleinen (Wort-)Künstler*innen, ihre Träume zu verwirklichen.

ÜBER DAS BUCH

tausend und ein wort erzählt von den Geschichten und vom Phantomschmerz der 21-jährigen Poetin sowie ihr Problem, sich selbst zu finden. Aber auch eine Prise Liebe darf nicht fehlen. In diesem Buch versucht die Autorin Menna El-Tawwab, ihre Sorgen und Gedankengänge zu verarbeiten; in der Hoffnung ihr Publikum zu erreichen und zu helfen. Zu vermitteln, dass die Menschen nicht alleine sind. Dass wir alle unsere Wunden teilen und uns gegenseitig heilen.

ÜBER DIE AUTORIN

Menna El-Tawwab wurde 1998 in Wien geboren. Da Bücher und das Schreiben sie bereichern, möchte sie ihr Literaturwissenschaftsstudium mit ihrem Traum als Schriftstellerin kombinieren und diesen verwirklichen. Als sie noch tiefer in den Dichtungskosmos eintauchte, auf Instagram als @kleinexpoetin ihre Texte und Gedichte teilte und auch das Spoken Word für sich entdeckte, verliebte sie sich umso mehr in die Kunst, mit Worten zu jonglieren. Denn zu schreiben therapiert sie; genauso wie zeichnen und fotografieren. Außerdem mag sie Sonnenuntergänge, guten Kaffee, tiefgründige Gespräche mit ihren Liebsten und wäre am liebsten auf einem Konzert von Coldplay, Oh Wonder und Queen.